D'UNE

MAISON DE TRAVAIL

POUR LE

Département de la Seine

Exposé des motifs.

Statuts et Règlements.

Annexes.

PARIS

IMPRIMERIE E. CAPIOMONT ET Cie

57, RUE DE SEINE, 57

1902

PROJET DE CRÉATION

D'UNE

MAISON DE TRAVAIL

POUR LE

Département de la Seine

Exposé des motifs.

Statuts et Règlements.

Annexes.

PARIS

IMPRIMERIE E. CAPIOMONT ET Cⁱᵉ

57, RUE DE SEINE, 57

1902

TABLE DES MATIÈRES

MAISON DE TRAVAIL

pour le département de la Seine.

EXPOSÉ DES MOTIFS DU PROJET

Au fond de la cour de la Sainte-Chapelle, en de sombres bureaux reliés au Dépôt par de longues galeries souterraines, se trouve le *Petit Parquet*.

C'est là que, chaque jour, sont amenés tous les individus ramassés par la Police dans les rues de Paris ou les communes du département de la Seine : meurtriers, escrocs, employés infidèles, voleurs, voleurs à la tire, à l'étalage, filous, rôdeurs de barrière, malfaiteurs de toutes sortes, et aussi les mendiants et les vagabonds, — parasites ou flottantes épaves de notre société.

C'est là que le substitut de service du *Petit Parquet* est chargé de les interroger tous et, après examen, de faire le tri entre les malfaiteurs et les pauvres gens désemparés.

Ceux qui assistent à ce défilé, comme ceux qui y président, en sortent toujours attristés, et souvent irrités, de constater l'impossibilité où l'on se trouve de soulager utilement certaines misères, de ramener certains égarés.

Il n'y a pas moins de 25 000 individus conduits annuellement à la barre du *Petit Parquet*.

Sur ce nombre, plus de 10 000 sont de simples

mendiants et vagabonds, dont les uns — parasites irréductibles, délinquants dangereux pour l'ordre public — sont renvoyés devant le tribunal correctionnel, et dont les autres (au nombre de 5 000 au moins) sont immédiatement remis en liberté, parce qu'ils sont, en réalité, plus misérables que coupables, plus dignes de pitié que de rigueur.

Certes, parmi ces 5 000 *libérés immédiats*, il en est dont la déchéance physique et morale est un fait entièrement accompli et pour lesquels, hélas! il n'y a plus rien à faire qu'à les abandonner au cours de leur lamentable destinée. — Ce sont les miséreux professionnels.

Mais à côté de ceux-là, il y a les vaincus de la vie et les malades de la volonté, — les uns, subissant les conséquences d'une erreur ou de folies de jeunesse; les autres, terrassés par l'infortune, la misère, la maladie, le chômage, des accidents prévus ou imprévus, — incapables, faute d'énergie et de volonté, ou par suite de circonstances diverses, de se ressaisir, de reprendre pied dans la société. — Ce sont les miséreux accidentels.

Ces derniers sont des vagabonds, sans doute; mais quel est leur destin?

La liberté sans travail et sans pain — ou la prison avec la nourriture et le gîte.

Souvent, — lassés, désabusés, — ils manifestent hautement leur désir d'en finir avec leur vie de misère et de honte; alors, interrogés, ils répondent : « Nous avons cherché du travail, nous n'en avons « pas trouvé.... Donnez-nous-en. Mettez-nous à « l'épreuve : nous sommes prêts au travail.... Si « vous ne pouvez nous donner de l'ouvrage, faites

« de nous ce que vous voudrez : la prison est préfé-
« rable au pavé des rues ».

Comment reconnaître si ces résolutions sont sin-
cères, et, si elles le sont, comment les diriger ?

Il existe des asiles de secours, c'est vrai. De nom-
breuses institutions charitables, sous le souffle des
idées humanitaires de ces dernières années, se sont
créées dans toute la France, à Paris notamment. —
Ces généreux efforts ont abouti à d'heureux résultats,
mais l'œuvre est-elle complète ?

Nous ne le pensons pas.

Les asiles actuels ne procurent que des secours
temporaires. — Ils recueillent et abritent pendant un
jour, deux jours, trois jours..... Mais après ?...

La situation, au bout d'un aussi court séjour dans
ces asiles, reste la même ; le problème, à la sortie, se
pose, derechef, et pour la société et pour le vagabond.
Le mal n'est ignoré de personne ; la cause en est trop
connue : elle réside dans l'ensemble même de nos
institutions, qui n'ont pas su organiser le refuge du
travail réparateur.

« L'assistance, comme on l'a si bien dit, ne peut
« être efficace que si elle est prolongée. »

Il y a, évidemment, une lacune à combler, un problème social à résoudre — tant au point de vue de la
sécurité publique qu'au point de vue de la solidarité
humaine.

Il importe que le magistrat ne soit pas réduit à
l'impuissance en présence d'une bonne volonté qui
s'éveille et qui demande à être soutenue ; il est
indispensable que la société se montre secourable
envers un élan qui se manifeste, envers un effort qui
veut s'affirmer.

A Chartres, en 1896, une Société de bienfaisance locale a inauguré, dans sa maison dite « du Haut-de-Saint-Jean », un système tout spécial de mise en application de l'assistance par le travail, qui nous paraît présenter une importance pratique exception-nelle et mériter de servir de modèle à la fondation que nous projetons.

L'idée dominante de l'organisation chartraine est celle-ci : *n'assister que les individus dignes d'intérêt, et les assister mieux.*

Voici les grandes lignes du système, telles que, au moment du projet de création de l'œuvre de Chartres, les exposait l'inspirateur et le principal fondateur de cette Œuvre, M. Louis André, alors Procureur de la République à Chartres, aujourd'hui Juge d'instruction au Tribunal de la Seine.

« Parmi les malheureux, parmi les pitoyables, disait M. Louis André, notre Maison d'assistance par le travail n'admettrait que ceux dont une enquête préalable ou une mise à l'épreuve aurait, dès l'abord, établi la bonne conduite et la bonne volonté à la besogne. En outre, un travail effectif serait, sous une règle stricte, imposé aux hospitalisés. Enfin, c'est, en principe, pendant *six mois* que se prolongerait l'hos-pitalisation ; c'est, en principe, pour *six mois* que tout hospitalisé définitivement admis devrait *s'engager* à séjourner chez nous.

« L'effet voulu d'un tel régime, d'un tel engagement, ce serait une sélection, s'opérant, sans cesse et par un mouvement spontané, dans les rangs de nos hôtes.

« Ceux qui, de parti pris, fuient le travail, tout en se plaignant de n'en avoir pas ; ceux qui sont irré-médiablement pervertis par une oisiveté invétérée et voulue, se tiendraient à l'écart de notre Maison de travail. Si, par curiosité, par enthousiasme irréfléchi, il s'en glissait quelques-uns au nombre de nos hospitalisés, il est certain que leur désertion serait prompte. Ils nous auraient, il est vrai, surpris, pendant quelques jours, un avantage : le gîte et la nourriture ; mais nous ne consentirions pas à redevenir de façon régulière les dupes de pareils parasites : jamais plus devant eux, s'ils s'avisaient d'y revenir frapper, ne s'ouvriraient les portes de l'asile hospitalier.

« Nous resterions donc exclusivement en présence des **nécessiteux vraiment dignes qu'on leur tende la main secourable** : les hommes de bonne volonté qui ne sont accablés que par une infortune imméritée ou passagère, dont le travail est le vœu, dont une existence régulière est l'ambition.

« **A ceux-là se limiterait notre action et se restreindraient nos sacrifices ; c'est dans l'intérêt même de ceux-là que nous éliminerions les autres :** *mieux vaut assister moins et assister mieux.*

« Au terme de notre hospitalité réconfortante, nos assistés rentreraient dans la vie sociale en obtenant de nous non seulement, dans la mesure de nos moyens, un placement utile, mais, en tous cas, un pécule pouvant leur être d'un vrai secours.

« Ce pécule, c'est, en principe, leur travail seul qui l'aurait constitué.

« Le travail dans la Maison d'assistance devrait être, en effet, par sa nature même, le plus largement rémunérateur possible ; il consisterait, par exemple, en fabrication de chaussons, de brosses, de sacs en papier, de lanternes vénitiennes. Sur le produit du

travail de chacun, il ne serait prélevé par la Société
que la quote-part strictement nécessaire à l'équilibre
du budget de l'Œuvre, et ainsi, chaque jour, réguliè-
rement, une certaine somme viendrait s'inscrire à
l'actif de l'hospitalisé.

« Mais, en même temps, le total des salaires
gagnés serait périodiquement grossi par certaines
gratifications, — primes complémentaires qui récom-
penseraient les plus méritants.

« Étant acquis que c'est pendant six mois complets
que se prolongerait l'accumulation de ces réserves
diverses, l'hospitalisé quittant notre Maison de travail
serait mis en possession d'un pécule dont le chiffre
minimum pourrait être, d'après des calculs précis,
supérieur à cent francs.

« Or, entre les mains d'un homme qui, par le fait
seul du libre abandon de lui-même pendant six mois,
aurait donné la mesure de ses résolutions et de ses
énergies, vous sentez bien ce que vaudrait, ce que
pourrait un pareil avoir : il l'aiderait puissamment à
reprendre pied dans sa lutte contre la mauvaise
fortune; il constituerait, bien souvent, pour un tel
homme, le salutaire point de départ d'un avenir de
travail, d'ordre et de probité.

« Oui, l'œuvre serait belle! Mais ce n'est pas que
le grand devoir d'assistance envers les misérables qui
est en cause, c'est aussi l'intérêt social lui-même.

« Des dévoyés étant ainsi arrachés aux entraîne-
ments du vice et de la misère, des êtres réduits au
complet dénûment étant ainsi soustraits aux terribles
suggestions du froid et de la faim, que de délits de
toute nature seraient évités! Des cas intéressants étant
soignés et guéris par une assistance aussi rationnelle,

combien serait atténuée et peu à peu paralysée dans sa marche, la lèpre envahissante du vagabondage et de la mendicité! »

C'est le 5 décembre 1896 que la Maison d'assistance par le travail de Chartres a ouvert ses portes et admis son premier hospitalisé.

Quels ont été les résultats obtenus?

Du 5 décembre 1896 au 31 décembre 1900, la Maison de travail de Chartres (qui ne peut encore abriter qu'une trentaine d'hôtes à la fois) a donné asile à 398 hospitalisés.

Sur ce nombre, 54 ont touché, après leur engagement accompli, un pécule d'assistance qui, pour certains, s'est élevé à 125 francs et a été, en moyenne, de 48 francs.

D'autre part, voici le nombre des hospitalisés à l'égard desquels l'action de l'Œuvre chartraine peut être considérée comme ayant été vraiment efficace :

NATURE DE L'AIDE PROCURÉE	1897	1898	1899	1900	TOTAL PAR CATÉGORIE
1° Placements chez des particuliers ou dans des asiles de vieillards.	12	16	22	18	68
2° Engagements dans l'armée.	7	26	35	23	91
3° Rapatriements dans les familles. . .	12	14	12	3	41
TOTAL GÉNÉRAL.	31	56	69	44	200

En résumé, le nombre des hospitalisés pourvus, à leur sortie, d'un pécule secourable, a atteint la proportion de 13,5 %, tandis que, en même temps et parallèlement, montait jusqu'à 50,2 % (jusqu'à **plus de moitié** !) la proportion de ceux ayant reçu la direction salutaire qui constitue l'objectif principal de l'Œuvre de Chartres.

Depuis bien des années déjà, de puissants et généreux esprits se sont préoccupés de la question du vagabondage et de la mendicité, ont appelé l'attention non seulement des pouvoirs publics mais encore des initiatives privées, sur l'intérêt qui s'attache à la résoudre.

Les résultats obtenus par l'asile de Chartres démontrent surabondamment l'utilité pratique de l'assistance par le travail suivant une méthode rationnelle.

En présence d'une telle création, nous avons pensé qu'à Paris — ce grand miroir à alouettes, autour duquel tant de pauvres hères viennent s'abattre et pâtir, — il serait utile, équitable, humain d'ouvrir un asile semblable, où — réconfortés, régénérés par le travail — les malheureux et les déshérités pourraient se convaincre de cette vérité nouvelle, toute de justice, de miséricorde et de sage solidarité :

« *Aide-toi, la société t'aidera.* »

Pour renseignements, adhésions ou dons quelconques, *s'adresser à l'un des quatre magistrats qui ont pris l'initiative du projet :*

M. Louis ANDRÉ, Juge d'instruction au Tribunal de la Seine,
13, rue Monge;

M. Jules PACTON, Substitut au Tribunal de la Seine,
88, boulevard de Courcelles;

M. Fernand ROME, Substitut au Tribunal de la Seine,
108, boulevard Montparnasse;

M. Léon SIBEN, Substitut au Tribunal de la Seine,
7, avenue Gourgaud.

NOTA

Les documents qui suivent (Statuts, Règlements, Annexes) sont la reproduction, avec de
très légères modifications, de ceux élaborés par
M. Louis ANDRÉ, Juge d'instruction au Tribunal de
la Seine, alors que, Procureur de la République
à Chartres, il a, en 1896, pris l'initiative de la
création, selon un type nouveau, d'une Maison
d'assistance par le travail pour le département
d'Eure-et-Loir, — reconnue d'utilité publique par
décret du 4 mai 1900.

STATUTS

I. — But et composition de la Société.

ARTICLE PREMIER. — Sous le nom d'Œuvre de la Maison de travail pour le département de la Seine, est constituée, à Paris, une Société ayant pour but d'assurer, dans la mesure de ses moyens, l'assistance par le travail :

1° aux individus déférés au Petit Parquet et jugés dignes d'une mesure de clémence;

2° aux détenus préventivement, mis en liberté, sortant des prisons du département de la Seine.

Son siège est au Palais de Justice (Petit Parquet).

ARTICLE 2. — La Société se compose de Membres titulaires et de Membres bienfaiteurs.

Les Membres titulaires sont ceux qui ont fait à la Société un don de deux cents francs au moins, ou ceux qui versent une cotisation annuelle de 20 francs.

Les Membres bienfaiteurs sont ceux qui versent une cotisation annuelle de 5 francs au moins.

II. — Administration, fonctionnement et ressources annuelles.

Article 3. — La Société est administrée par un Conseil composé de 25 membres, élus pour trois ans par l'Assemblée générale des membres titulaires et des membres bienfaiteurs.

En cas de vacance, le Conseil pourvoit au remplacement de ses membres, sauf ratification par la plus prochaine Assemblée générale.

Le renouvellement du Conseil a lieu intégralement.

Les Membres sortants sont rééligibles.

Ce Conseil choisit parmi ses Membres un Bureau, composé d'un Président, de deux Vice-Présidents, de trois Secrétaires et d'un Trésorier.

Le Bureau est élu pour trois ans.

Article 4. — Le Conseil se réunit au moins une fois par trimestre, et, en outre, chaque fois qu'il est convoqué par son Président, ou sur la demande du quart de ses Membres.

La présence de onze des Membres du Conseil d'administration est nécessaire pour la validité des délibérations.

Il est tenu procès-verbal des séances.

Les procès-verbaux sont signés par le Président et l'un des Secrétaires.

Article 5. — Toutes les fonctions de Membre du Conseil d'administration et du Bureau sont gratuites.

ARTICLE 6. — L'Assemblée générale des Membres titulaires et des Membres bienfaiteurs de la Société se réunit dans le courant de janvier de chaque année, et, en outre, chaque fois qu'elle est convoquée par le Conseil d'administration, ou sur la demande du quart au moins de ses Membres.

Son ordre du jour est réglé par le Conseil d'administration.

Son Bureau est celui du Conseil.

Elle entend les rapports sur la gestion du Conseil d'administration, sur la situation financière et morale de la Société.

Elle approuve les comptes de l'exercice clos, vote le budget de l'exercice suivant, délibère sur les questions mises à l'ordre du jour et pourvoit au renouvellement des Membres du Conseil d'administration.

Le vote par procuration est admis, pourvu que le mandataire soit déjà sociétaire et qu'il ne réunisse pas plus de cinq voix, y compris la sienne.

Le rapport annuel et les comptes sont adressés, chaque année, à tous les Membres de la Société.

ARTICLE 7. — Les dépenses sont ordonnancées par le Président. La Société est représentée en justice et dans tous les actes de la vie civile par le Président.

ARTICLE 8. — Les recettes annuelles de la Société se composent :

1° des cotisations et souscriptions de ses Membres ;

2° des subventions qui pourront lui être accordées ;

3° des ressources créées à titre exceptionnel, et, s'il y a lieu, avec l'agrément de l'autorité compétente ;

**

4° du revenu de ses biens et valeurs de toute nature ;

5° de la part revenant à la Société dans le produit
du travail des hospitalisés.

III. — Modification des Statuts et dissolution.

ARTICLE 9. —Les Statuts ne peuvent être modifiés
que sur la proposition du Conseil d'administration,
ou du dixième des Membres titulaires, soumise au
Bureau, au moins un mois avant la séance.

L'Assemblée extraordinaire, spécialement convoquée à cet effet, ne peut modifier les Statuts qu'à la
majorité des deux tiers des Membres présents.

L'Assemblée doit se composer du quart, au moins,
des Membres en exercice.

ARTICLE 10. — L'Assemblée générale, appelée à se
prononcer sur la dissolution de la Société et convoquée spécialement à cet effet, doit comprendre, au
moins, la moitié plus un des Membres en exercice.

Si cette proportion n'est pas atteinte, l'Assemblée
est convoquée de nouveau, mais à quinze jours au
moins d'intervalle, et, cette fois, elle peut valablement délibérer quel que soit le nombre des Membres
présents. Dans tous les cas, la dissolution ne peut
être votée qu'à la majorité des deux tiers des Membres
présents.

ARTICLE 11. — En cas de dissolution, l'Assemblée
générale désigne un ou plusieurs Commissaires char-

gés de la liquidation des biens de la Société. Elle attribue l'actif net à un ou plusieurs établissements analogues, publics ou reconnus d'utilité publique.

IV. — Règlement Intérieur.

ARTICLE 12. — Un règlement, adopté par l'Assemblée générale, arrêtera les conditions de détail propres à assurer l'exécution des présents Statuts.

Il pourra toujours être modifié dans la même forme.

RÈGLEMENT INTÉRIEUR DE LA SOCIÉTÉ

TITRE I

OBLIGATIONS SPÉCIALES DU TRÉSORIER DE LA SOCIÉTÉ

ARTICLE PREMIER. — Le Trésorier de la Société assurera, dans le courant du premier trimestre de chaque année, le recouvrement des cotisations et souscriptions annuelles des Membres titulaires et des Membres bienfaiteurs de la Société.

ARTICLE 2. — Il rendra compte, à chaque réunion du Conseil d'administration, de l'emploi des fonds qu'il aura encaissés.

ARTICLE 3. — Il devra, dès que les sommes ou valeurs qu'il aura à sa disposition dépasseront le total de dix mille francs, opérer le versement de l'excédent à la Caisse d'épargne, d'après un livret établi au nom de la Société.

Il en sera ainsi quelles que soient l'origine et l'affectation propre des sommes ou valeurs dont il s'agit.

TITRE II

ORGANISATION DE L'ŒUVRE D'ASSISTANCE PAR LE TRAVAIL

CHAPITRE I

Fonctionnement général de l'Œuvre d'assistance par le travail.

ARTICLE 4. — C'est tout particulièrement dans l'intérêt et au profit des malheureux qui veulent sincèrement du travail, qui n'ont qu'un désir : vivre en travaillant, et dont la misère n'a pour cause que le manque de travail, que notre Œuvre d'assistance par le travail est organisée.

Le mode de fonctionnement de l'Œuvre devra être déterminé de telle sorte, par le règlement intérieur de la Maison, que les professionnels de la mendicité et du vagabondage, c'est-à-dire ceux qui n'aiment pas le travail et ont la prétention de vivre sans travailler, soient retenus à l'écart de l'établissement, ou bien soient amenés, lorsqu'ils y auront demandé et obtenu leur admission, à s'en retirer d'eux-mêmes à bref délai.

ARTICLE 5. — Un règlement intérieur déterminera le régime de la Maison de travail, les conditions de son fonctionnement et toutes les dispositions de détail propres à assurer satisfaction aux dispositions du précédent article.

Ce règlement intérieur sera établi par le Conseil

d'administration de la Société; il pourra, par ce Conseil, être modifié selon les besoins.

ARTICLE 6. — Les individus auxquels l'Œuvre d'assistance par le travail a pour but de venir en aide, seront groupés, dans la Maison d'assistance, sous le nom général d'« *hospitalisés* ».

ARTICLE 7. — La condition absolue de l'assistance sera le travail : les hospitalisés ne devront qu'au travail l'assistance qu'ils recevront.

Les hospitalisés seront employés à des ouvrages manuels, suffisamment rémunérateurs.

ARTICLE 8. — L'assistance consistera :

1° à procurer aux hospitalisés, pendant leur séjour dans l'établissement, le logement, la nourriture, le vêtement et l'entretien ;

2° à leur assurer, pour le moment de leur retour à la vie sociale, des ressources suffisantes et aussi, dans la mesure des moyens de la Société, un placement utile.

ARTICLE 9. — Sur les salaires acquis par les hospitalisés dans la Maison de travail, il sera opéré un prélèvement quotidien, qui représentera les frais individuels de logement, de nourriture, de vêtement et d'entretien.

Le taux dudit prélèvement sera déterminé par le règlement intérieur de l'établissement.

ARTICLE 10. — Au profit de chacun des hospitalisés sera constitué, pendant tout le cours de son séjour dans la Maison, un pécule, dit « pécule d'assistance ».

Le pécule d'assistance sera, sous les conditions fixées par le règlement intérieur de l'établissement, formé par la totalisation des salaires acquis par l'hospitalisé dans la Maison de travail (défalcation faite des prélèvements quotidiens spécifiés en l'article précédent), et aussi par certaines gratifications éventuelles.

ARTICLE 11. — Les hospitalisés ne pourront être mis en possession de leur pécule d'assistance qu'au moment de leur sortie régulière de la Maison, et sous les conditions spéciales qui seront déterminées par le règlement intérieur de l'établissement.

ARTICLE 12. — La Maison de travail sera établie, suivant les ressources dont la Société pourra disposer, soit dans un bâtiment pris en location, soit dans un bâtiment spécialement construit par les soins de la Société.

ARTICLE 13. — Afin de faciliter la direction et l'administration de la Maison, c'est sur le territoire du département de la Seine que ledit établissement sera installé.

ARTICLE 14. — La Maison recevra un plus ou moins grand nombre d'hospitalisés suivant les ressources dont la Société pourra disposer.

La fixation de ce nombre appartiendra au Conseil d'administration de la Société.

CHAPITRE II

Ressources de l'Œuvre d'assistance par le travail.

ARTICLE 15. — Les ressources de l'Œuvre d'assistance par le travail se composeront :

1° des cotisations et souscriptions annuelles des Membres titulaires et des Membres bienfaiteurs de la Société ;

2° des prélèvements quotidiens sur les salaires acquis par les hospitalisés dans la Maison, ci-dessus visés en l'article 9 ;

3° des pécules d'assistance dont les hospitalisés seraient déclarés déchus dans les conditions qui seront déterminées par le règlement intérieur de la Maison ;

4° des amendes disciplinaires qui seront prévues par le même règlement intérieur ;

5° du produit des bals, concerts et fêtes quelconques qui pourront être organisés par la Société ;

6° des subventions obtenues de l'État, du département et des communes de la Seine, ainsi que des diverses Sociétés de patronage ou autres de la région.

CHAPITRE III

Administration et direction de l'Œuvre d'assistance par le travail.

ARTICLE 16. — La direction immédiate de la Maison de travail sera confiée à un agent salarié, qui prendra le titre de « Directeur de la Maison de travail ».

***

ARTICLE 17. — Ce Directeur sera choisi, de préfé-
rence, soit parmi les gardiens de prison retraités,
soit parmi les sous-officiers ou brigadiers de gen-
darmerie retraités.

Au moment de son entrée en fonctions, le versement d'un cautionnement pourra être exigé de lui
par le Conseil d'administration de la Société, qui
fixera le montant de ce cautionnement et déterminera le taux des intérêts à servir au Directeur, à cette
occasion.

ARTICLE 18. — Suivant les ressources, il pourra
être adjoint au Directeur, un ou plusieurs auxiliaires,
également rétribués.

ARTICLE 19. — Le droit de nomination et de
révocation du Directeur, comme aussi de ses auxiliaires, appartiendra au Conseil d'administration de
la Société.

ARTICLE 20. — La haute direction de la Maison de
travail sera confiée à un Comité spécial, dit « Comité
de direction de la Maison de travail ».

ARTICLE 21. — Ce comité sera composé de douze
Membres.

En font partie de plein droit le Procureur de la
République de la Seine et les deux substituts chargés
du service du Petit Parquet.

Les neuf autres Membres seront nommés par le
Conseil d'administration de la Société; ils pourront
être choisis en dehors des Membres de ce Conseil.
Ils seront élus pour deux ans et seront rééligibles.

ARTICLE 22. — Le Comité de direction désignera
lui-même, parmi ses Membres, son Président et son

Secrétaire ; ceux-ci seront nommés pour deux ans et seront rééligibles.

ARTICLE 23. — Le Comité de direction se réunira aussi souvent que son Président le jugera nécessaire, et sur la convocation de celui-ci ; il sera tenu de se réunir au moins une fois par mois.

Pour que ses décisions soient valablement prises, il suffira que cinq de ses Membres aient été présents à la délibération.

CHAPITRE IV

Droits et obligations du Directeur de la Maison de travail.

ARTICLE 24. — Le Directeur de la Maison de travail sera chargé :

1° de la perception des dépôts de toutes sommes d'argent et valeurs quelconques dont les hospitalisés pourraient être porteurs au moment de leur entrée dans l'établissement ;

2° de la perception, de la part des confectionnaires des travaux, du prix des travaux exécutés dans l'établissement ;

3° de la perception des éléments divers du compte passif de tout hospitalisé, tels qu'ils seront déterminés par le règlement intérieur de la Maison.

ARTICLE 25. — Dès que, quelle que soit leur origine, les sommes ou valeurs entre ses mains dépasseront le total de cinq mille francs, le Directeur devra opérer le versement de l'excédent entre les mains du Trésorier de la Société.

ARTICLE 26. — Le Directeur sera chargé, d'autre part :

1º de la restitution des dépôts de sommes d'argent ou valeurs quelconques opérés par les hospitalisés ;

2º du paiement (contre quittances régulières et toutes pièces justificatives à l'appui) des dépenses diverses afférentes au fonctionnement et à l'entretien de la Maison ;

3º du versement aux hospitalisés des éléments de leur compte actif, tels qu'ils seront déterminés par le règlement intérieur de la Maison.

ARTICLE 27. — Le Directeur provoquera ou recevra, de la part des confectionnaires des travaux et des divers fournisseurs, l'offre de tous marchés quelconques ; mais il sera tenu d'en référer aussitôt au Comité de direction, lequel statuera ainsi qu'il sera dit ci-après en l'article 33.

ARTICLE 28. — Le Directeur devra tenir une comptabilité régulière, en la forme qui sera déterminée par le Comité de direction.

Il devra, en outre, tenir constamment à jour le compte spécial de tout hospitalisé.

ARTICLE 29. — Le Directeur devra présenter au Comité de direction :

1º à la fin de chaque mois, un bordereau de situation de caisse ;

2º à la fin de chaque année, un compte de gestion détaillé.

ARTICLE 30. — A part les attributions générales ici définies, le Directeur aura, en outre, tous les droits spéciaux, toutes les obligations particulières qui seront déterminés par le règlement intérieur de la Maison, notamment au point de vue de la discipline des hospitalisés.

CHAPITRE V

Attributions du Comité de direction.

ARTICLE 31. — L'admission à l'hospitalisation et la prolongation de la durée de l'hospitalisation au delà du terme qui sera, en principe, fixé par le règlement intérieur de l'établissement, appartiendront au Comité de direction, sous les conditions qui seront déterminées par ledit règlement intérieur.

ARTICLE 32. — Le Comité de direction déterminera, sous les conditions ci-dessus spécifiées en l'article 7, la nature des ouvrages manuels auxquels les hospitalisés seront employés.

Il fixera le tarif des salaires des travaux, et cela, autant que possible, d'après le principe du travail aux pièces.

ARTICLE 33. — Le Comité de direction examinera les propositions de tous marchés quelconques, soit avec les confectionnaires des travaux, soit avec les fournisseurs divers de la Maison.

Par l'intermédiaire de son Président, il passera et signera lesdits marchés ; puis il veillera à leur fidèle exécution.

ARTICLE 34. — Le Comité de direction aura
le contrôle de la gestion du Directeur de la
Maison ; il l'exercera aussi souvent et de la façon
qu'il l'entendra.

Notamment, il déterminera la forme de la comptabilité à tenir par le Directeur de la Maison, et, d'autre
part, il examinera et approuvera, s'il y a lieu, les bordereaux de situation de caisse mensuels et les comptes
de gestion annuels présentés par le Directeur de la
Maison.

Lesdits bordereaux et comptes de gestion seront,
dès leur approbation, transmis par le Comité de direction au Trésorier de la Société.

ARTICLE 35. — Une fois par mois au moins, un
membre du Comité de direction, désigné, à tour de
rôle, par ledit Comité, sera tenu de visiter la Maison.

Il aura, notamment, mission de veiller au parfait
état d'ordre, d'hygiène et de propreté des divers
locaux et dépendances de l'établissement, ainsi qu'à
la bonne qualité des aliments.

Il recevra, en outre, les réclamations quelconques
qui, au cours de sa visite, se produiraient de la part
des hospitalisés. Au cas où ces réclamations lui paraî-
tront fondées, il en saisira le Comité de direction.

ARTICLE 36. — C'est au Comité de direction spécialement qu'incombera le soin d'assurer, si possible,
aux hospitalisés, pour le moment de leur retour à la
vie sociale, un placement utile.

A cet effet, le Comité de direction se mettra en
relations directes avec les établissements agricoles,
industriels et commerciaux de la région, ainsi qu'avec
les bureaux de placement ; il pourra aussi tenter

toutes démarches pour amener le placement aux colonies de ceux des hospitalisés qui en formeraient la demande.

ARTICLE 37. — Le Comité de direction pourra provoquer, de la part du Conseil d'administration de la Société, la nomination, le remplacement ou la révocation du Directeur de la Maison de travail, comme aussi de ses auxiliaires.

ARTICLE 38. — A part les attributions générales ici définies, le Comité de direction aura, en outre, toutes les attributions spéciales qui seront déterminées par le règlement intérieur de l'établissement, notamment au point de vue de la discipline des hospitalisés.

RÈGLEMENT INTÉRIEUR DE LA MAISON
DE TRAVAIL

TITRE I

Conditions de l'admission à l'hospitalisation.

ARTICLE PREMIER. — Ne peuvent être admis à l'hospitalisation que les hommes.

Ils doivent être français ou alsaciens-lorrains, avoir plus de seize ans et être valides.

ARTICLE 2. — Sous l'agrément du Comité de direction, et dans la mesure des ressources de la Société ou du nombre des places disponibles dans la Maison de travail, peuvent être hospitalisés :

1° les individus déférés au Petit Parquet et jugés dignes d'une mesure de clémence ;

2° les détenus préventivement, mis en liberté, sortant des prisons du département de la Seine.

ARTICLE 3. — Les hospitalisés ne seront, tout d'abord, admis qu'à l'épreuve, dans la Maison de travail.

Cette admission à l'épreuve se prolongera pendant dix jours ; toutefois, le Comité de direction aura la faculté de prolonger le délai.

Au cours de cette période de stage, les admis à l'épreuve seront soumis aux mêmes obligations générales que les hospitalisés admis à titre définitif.

Ils ne pourront être considérés comme définitivement admis que si, pendant la durée de la mise à l'épreuve, ils ont mérité, dans la Maison, d'excellentes notes de conduite et de volonté au travail.

Si, avant l'expiration de la période d'épreuve ou lors de son expiration, l'hospitalisé est exclu de l'établissement ou le quitte volontairement, pour toute raison autre qu'un placement régulier, le salaire qu'il pourrait avoir gagné dans la Maison, restera, dans son intégralité, acquis à la Société.

Article 4. — Tout hospitalisé sera tenu, au moment de son entrée dans la Maison de travail, de présenter ses papiers et d'indiquer ses nom, prénoms, date et lieu de naissance, domicile habituel, profession, ainsi que le nombre, la durée et la nature des condamnations qu'il pourrait avoir encourues.

C'est à titre confidentiel qu'il sera pris note de ces indications diverses.

Toute fausse déclaration à cet égard entraînera, dès qu'elle sera reconnue, l'exclusion immédiate de l'hospitalisé.

Article 5. — Tout hospitalisé signera, dès son entrée dans la Maison :

1° l'attestation qu'il a pris connaissance du présent règlement ;

2° l'engagement d'en respecter toutes les dispositions.

Article 6. — Tout hospitalisé admis à titre définitif signera aussitôt un engagement de séjour, c'est-à-dire l'engagement de rester dans la Maison six mois au moins.

TITRE II

Durée de l'hospitalisation. — Prolongation possible de cette durée.
Cas spéciaux de réadmission à l'hospitalisation.

ARTICLE 7. — La durée de l'hospitalisation à titre définitif se prolongera, en principe, pendant le délai fixe de six mois complets.

L'admission à titre définitif fera, rétroactivement, courir le délai de six mois à partir du jour de l'admission provisoire dans la Maison de travail.

ARTICLE 8. — Le placement d'un hospitalisé, obtenu soit par lui-même, soit par les soins de la Société, sera considéré comme mettant un terme normal à l'engagement de séjour qu'il aura souscrit.

ARTICLE 9. — A l'expiration d'un premier engagement de séjour, les hospitalisés, auxquels aucun emploi n'aura pu être procuré, pourront, sur leur demande, être maintenus dans la Maison de travail, à la condition qu'ils y aient toujours fait preuve d'une conduite irréprochable et de la meilleure volonté au travail.

Le Comité de direction aura plein pouvoir à cet égard : il statuera sur l'opportunité et la durée du nouvel engagement de séjour à intervenir.

ARTICLE 10. — Tout hospitalisé ayant quitté la Maison de travail ou s'en étant fait exclure, soit au cours de la période de mise à l'épreuve, soit au cours d'un engagement de séjour, ne pourra plus être admis à l'hospitalisation.

Article 11. — Tout hospitalisé ayant quitté la Maison de travail dans des conditions normales, c'est-à-dire dans les conditions spécifiées notamment ci-après, en l'article 25, ne pourra être admis à nouveau, à un titre quelconque, qu'un an au moins après la date de la fin de la première hospitalisation et, en outre, à la condition que, depuis sa sortie de la Maison de travail, il n'ait encouru aucune condamnation à l'emprisonnement ou à une peine plus grave.

Article 12. — Tout hospitalisé placé, qui aura perdu, pour un motif indépendant de sa volonté, l'emploi qu'il avait obtenu, aura la faculté de revenir à la Maison de travail terminer tout engagement de séjour non accompli, ou en souscrire un nouveau.

Le Comité de direction aura à cet égard toute liberté d'appréciation.

TITRE III

Travail. — Emploi du temps. — Repos obligatoires; sorties facultatives. — Tabac, vin et prêts facultatifs.

Article 13. — La condition absolue de l'hospitalisation est le travail; ce n'est que par le travail que l'hospitalisé peut s'assurer l'assistance.

Article 14. — Le travail consistera en ouvrages manuels. Il sera rétribué d'après un tarif fixé par le Comité de direction, et, autant que possible, d'après le principe du travail aux pièces.

Tout hospitalisé devra exécuter la tâche qui lui sera assignée.

ARTICLE 15. — Le lever des hospitalisés aura lieu à 5 heures du matin en été et à 7 heures en hiver.

Leur coucher est fixé à 9 heures en été et à 8 heures en hiver.

ARTICLE 16. — Dans la matinée, le travail se prolongera jusqu'à 11 heures, en commençant une demi-heure après le lever.

Dans l'après-midi, le travail commencera à midi et demi et se prolongera jusqu'à 7 heures en été et jusqu'à 6 heures en hiver.

ARTICLE 17. — Les repas seront pris au réfectoire ; ils dureront une demi-heure.

Celui du milieu de la journée est fixé à 11 heures ; celui du soir aura lieu à 7 heures en été et à 6 heures en hiver.

ARTICLE 18. — Le repos sera obligatoire :

Tous les jours, pendant les intervalles compris :

1° entre la fin du repas du milieu de la journée et la reprise du travail ;

2° entre la fin du repas du soir et l'heure du coucher ;

Les dimanches et jours de fêtes légales, pendant toute la journée.

Les dimanches et jours de fêtes légales, le prêt de sortie prévu ci-après, en l'article 21, ne pourra, en principe (sauf autorisation spéciale du Directeur), être touché qu'au moment du repas du milieu de la journée,

Article 19. — Pendant les intervalles du repos obligatoire, les hospitalisés auront la faculté de sortir de l'enceinte de la Maison de travail.

Pour ces sorties, les hospitalisés pourront, s'ils le préfèrent, substituer aux vêtements qui leur seront fournis dans la Maison de travail des vêtements personnels.

Article 20. — Sur leur demande au Directeur de la Maison de travail, les hospitalisés admis à un titre quelconque recevront, chaque jour, au moment du repas du milieu de la journée, une ration de tabac, d'une valeur de 0',10, qui sera imputée sur leur pécule d'assistance.

Article 21. — Sur leur demande au Directeur de la Maison de travail, les hospitalisés admis à titre définitif, seuls, recevront, les dimanches et jours fériés, au moment du repas du milieu de la journée, un prêt de sortie dont le montant sera imputé sur leur pécule d'assistance. — Ce prêt ne pourra être supérieur à 0',40 pendant les trois premiers mois de l'engagement de séjour, et à 0',50 pendant les autres mois de cet engagement.

De même, sur leur demande au Directeur de la Maison de travail, les hospitalisés admis à titre définitifs, seuls, pourront recevoir deux fois par semaine, au moment du repas du milieu de la journée, une ration de vin, limitée à un demi-litre, dont le prix sera imputé sur leur pécule d'assistance. — L'octroi de cette ration de vin, qui n'est autorisé qu'à titre de récompense de la conduite et du travail, est laissé à l'entière appréciation du Directeur de la Maison.

TITRE IV

Pécule des hospitalisés.—Compte actif et compte passif.

ARTICLE 22. — Le compte actif et passif de tout hospitalisé sera constaté par une fiche individuelle, qui, sera créée dès son entrée dans la Maison de travail.

ARTICLE 23. — Le compte actif sera formé, pour tout hospitalisé, par le pécule spécial dit « pécule d'assistance », lequel comprendra les salaires des travaux accomplis dans la Maison, et aussi, s'il y a lieu, les gratifications obtenues.

Le compte actif sera, en outre, formé par les sommes d'argent ou valeurs quelconques dont les hospitalisés pourraient être porteurs au moment de leur entrée dans la Maison de travail.

ARTICLE 24. — Les sommes d'argent ou valeurs quelconques, si minimes qu'elles soient, dont les hospitalisés pourraient être porteurs, devront être confiées par leurs propriétaires au Directeur de la Maison de travail, dès l'entrée dans la Maison.

Sommes d'argent ou valeurs seront inscrites en tête de la fiche individuelle de l'hospitalisé.

Elles ne seront productives d'aucun intérêt.

Cet actif particulier restera la propriété absolue de l'hospitalisé. Il lui sera intégralement restitué à sa sortie de la Maison de travail : il en sera ainsi dans tous les cas, même au cas de non-expiration normale de l'engagement de séjour qu'il aurait souscrit.

ARTICLE 25. — Le péc le d'assistance ne sera acquis à l'hospitalisé que s'il quitte la Maison de travail dans des conditions normales, c'est-à-dire soit à l'expiration de l'engagement de séjour qu'il aurait souscrit, soit par suite de placement obtenu.

Toutes les fois que la sortie de la Maison de travail ne surviendra pas dans les conditions normales qui viennent d'être spécifiées, l'hospitalisé sera, par ce seul fait, déchu du droit à l'obtention du pécule d'assistance qui se serait constitué à son nom : ce pécule d'assistance restera acquis, dans sa totalité, à la Société.

L'hospitalisé qui, à l'expiration d'un premier engagement de séjour, sera, sur sa demande, maintenu dans la Maison de travail et aura, en conséquence, souscrit un nouvel engagement de séjour, n'aura pas droit à la remise immédiate du pécule d'assistance qui se sera constitué à son nom pendant la durée du premier engagement : la remise de ce pécule ne lui sera faite qu'au moment où il quittera la Maison de travail. — Cependant, si, au moment de la signature du nouvel engagement de séjour, l'hospitalisé justifie que certaines dépenses lui sont indispensables (par exemple, pour achats de vêtements ou autres objets d'utilité personnelle), il pourra, à cette occasion, sur la demande de l'hospitalisé, être opéré un prélèvement sur le pécule d'assistance afférent au premier engagement de séjour; mais, en ce cas, c'est toujours le Directeur de la Maison lui-même qui fera, au profit de l'hospitalisé, et selon ses indications, l'emploi total de la somme prélevée sur le pécule.

ARTICLE 26. — L'hospitalisé auquel un emploi

aura pu être procuré, recevra, même avant l'expiration de son engagement de séjour :

1° la moitié de son pécule d'assistance, quinze jours après sa sortie de la Maison de travail, mais sous la condition de son maintien dans l'emploi obtenu ;

2° l'autre moitié de son pécule d'assistance, un mois après sa sortie de la Maison de travail, mais également sous la condition de son maintien dans l'emploi obtenu.

Cependant, dans certaines circonstances particulières, le Comité de direction pourra modifier les délais qui viennent d'être indiqués, soit en les réduisant, soit en les prolongeant, — sans, toutefois, que la prolongation puisse aller au delà du terme de l'engagement de séjour souscrit dans la Maison de travail.

ARTICLE 27. — Le compte passif sera formé, pour tout hospitalisé :

1° par le prélèvement quotidien de 0,75 centimes, moyennant lequel seront assurés les frais individuels de logement, de nourriture, de vêtement et d'entretien;

2° par le prélèvement quotidien des 0,10 centimes de la ration facultative de tabac;

3° par le prélèvement des prêts facultatifs des jours de sortie;

4° par le prélèvement du prix des rations de vin facultatives;

5° par les amendes disciplinaires.

TITRE V

Discipline. — Mesures et peines disciplinaires. Gratifications.

ARTICLE 28. — Les divers locaux de la Maison de travail devront être tenus, par tous les hospitalisés, en parfait état d'ordre et de propreté.

En particulier, ce soin incombera, à tour de rôle, pendant une semaine entière, à quelques hospitalisés; ceux-ci devront s'acquitter de ce soin pendant les intervalles de repos.

La semaine de responsabilité à ce point de vue commencera, sur la désignation du Directeur de la Maison de travail, le dimanche matin, et, tant qu'elle durera, elle excluera toute faculté de sortie.

ARTICLE 29. — Les soins de propreté personnelle sont obligatoires pour tous les hospitalisés.

ARTICLE 30. — Les conversations sont rigoureusement interdites au dortoir.

ARTICLE 31. — Dans l'intérieur des bâtiments de la Maison de travail, les chants, les cris, des propos inconvenants, tout tapage quelconque sont interdits.

La première infraction à cette interdiction entraînera, de plein droit, une réprimande; la seconde, une amende de 0,25 centimes; la troisième, une amende de 1 franc; la quatrième, l'exclusion.

ARTICLE 32. — Les rixes, querelles ou injures entre cohospitalisés seront frappées des mêmes peines disciplinaires que celles portées à l'article 31.

ARTICLE 33. — Il est expressément défendu de fumer dans l'intérieur des bâtiments de la Maison de travail.

La première infraction à cette interdiction entraînera, de plein droit, une amende de dix centimes; la seconde, une amende de vingt-cinq centimes; la troisième, une amende de cinquante centimes; la quatrième, privation des rations de tabac pendant quinze jours.

ARTICLE 34. — Les hospitalisés qui, pendant les intervalles de repos obligatoire, useront de la faculté qui leur est accordée de sortir de l'enceinte de la Maison de travail, devront y être rentrés à l'heure réglementaire.

Tout retard de plus de cinq minutes entraînera : à la première infraction, une réprimande; à la seconde, une amende de vingt-cinq centimes; à la troisième, une amende de un franc; à la quatrième, l'exclusion.

ARTICLE 35. — Toute sortie de l'enceinte de la Maison de travail, en dehors des heures réglementaires, entraînera : à la première infraction, une amende de un franc; dès la seconde infraction, l'exclusion.

Si c'est pendant la nuit que se produit la sortie irrégulière, l'exclusion immédiate en sera la peine.

ARTICLE 36. — Tout hospitalisé qui, après une sortie régulière se présenterait à la Maison de travail dans un état d'ivresse manifeste, ou qui serait convaincu d'avoir introduit dans l'établissement des boissons alcooliques, sera puni : à la première infraction, d'une amende de trois francs, et, en même temps, d'une privation de sortie pendant quinze jours ; à la seconde infraction, de l'exclusion.

ARTICLE 37. — Tout refus d'obéissance à un ordre quelconque entraînera : à la première infraction, une amende de deux francs ; dès la seconde infraction, l'exclusion.

ARTICLE 38. — A part les divers cas d'exclusion déjà prévus, l'exclusion sera prononcée contre tout hospitalisé :

1° qui aura refusé l'emploi que la Société lui aurait indiqué, ou qui, envoyé au siège d'une administration quelconque, ou au domicile d'un particulier, en vue de son placement, ne se rendra pas à l'adresse indiquée ;

2° qui excitera à l'insubordination ;

3° qui se rendra coupable d'outrages envers le Directeur de la Maison de travail.

ARTICLE 39. — Le montant des amendes disciplinaires sera imputé sur le pécule d'assistance des hospitalisés.

ARTICLE 40. — Dans tous les cas ci-dessus prévus, l'application des diverses peines disciplinaires, autres que l'exclusion, est, en principe, confiée à la décision du Directeur de la Maison de travail.

Au cas de refus d'obéissance ou d'outrage, celui-ci a même le droit de prononcer l'exclusion ; dans ces deux cas déterminés, l'exclusion aura lieu de plein droit, et sera immédiate.

ARTICLE 41. — Dans les cas autres que le refus d'obéissance ou l'outrage, l'exclusion est prononcée, après examen des circonstances, par le Comité de direction.

ARTICLE 42. — Le Comité de direction se réserve, d'autre part, d'exercer, à la suite d'enquêtes, une répression disciplinaire spéciale, pouvant aller jusqu'à l'exclusion, dans tous les cas non prévus par le présent règlement, notamment au point de vue de la conduite des hospitalisés en dehors de l'enceinte de la Maison de travail, au cours de leurs sorties facultatives.

De même, le Comité de direction pourra prendre toutes mesures disciplinaires utiles, dans l'intérêt général de la santé ou des bonnes mœurs des hospitalisés.

ARTICLE 43. — Toute exclusion de la Maison de travail, pour un motif quelconque, entraînera, par ce seul fait, la déchéance pour l'hospitalisé du droit à l'obtention de son pécule d'assistance : ce pécule d'assistance restera acquis, dans sa totalité, à la Société.

ARTICLE 44. — S'il y a lieu, le total ou une partie du total formé par les amendes disciplinaires prononcées et par les pécules d'assistance qui, pour un motif quelconque, resteraient acquis à la Société, pourra, quatre fois par an, au début de chaque trimestre, être réparti, à titre de gratifications, entre les hospitalisés jugés méritants et dont la conduite n'aura donné lieu à aucun reproche sérieux.

L'opportunité, la nature et le taux de ces gratifications sont laissés à l'entière appréciation du Comité de direction.

ANNEXES

ENGAGEMENT DE SÉJOUR

SOUSCRIT PAR LES HOSPITALISÉS

au moment de leur admission définitive

Je soussigné..

né le ...., *à* ....

m'engage à séjourner dans la **Maison de travail pour**
le département de la Seine, *pendant la durée de six*
mois accomplis, lesquels prendront cours à partir du

.... 19........

Et cela sous les diverses conditions et restrictions énumérées
et précisées par le Règlement intérieur de la Maison, que je
connais et que j'accepte.

X..............., *le* .... 19....

(SIGNATURE DE L'HOSPITALISÉ)

Vu par nous,
DIRECTEUR DE LA MAISON.

(Signature du Directeur)

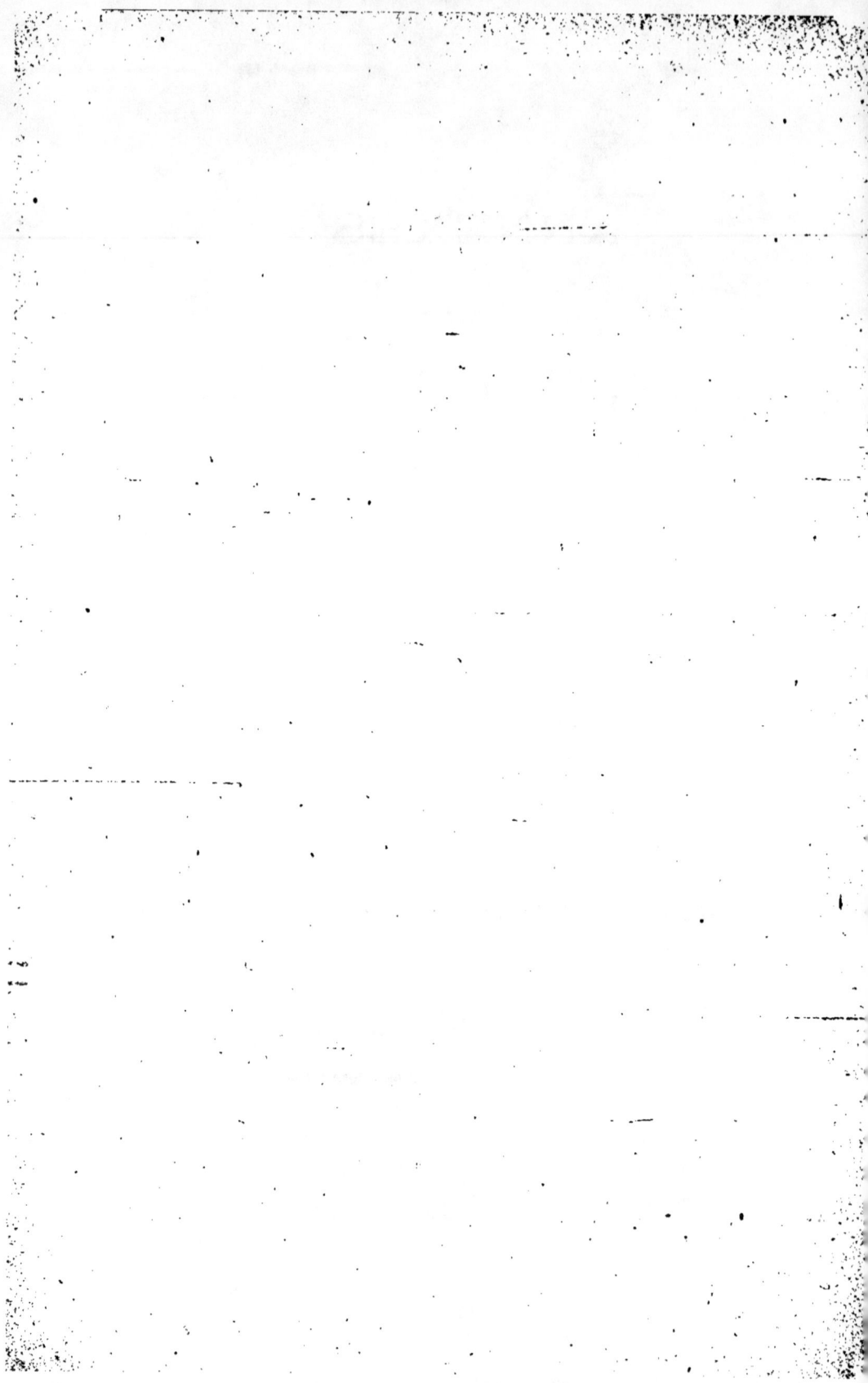

MAISON DE TRAVAIL

POUR LE

Département de la Seine

Je soussigné certifie que le nommé _____

âgé de _____ ans, ayant la profession de _____

a séjourné dans la Maison de travail, du _____

au _____

X_____, le_____ 19____

LE DIRECTEUR DE LA MAISON.

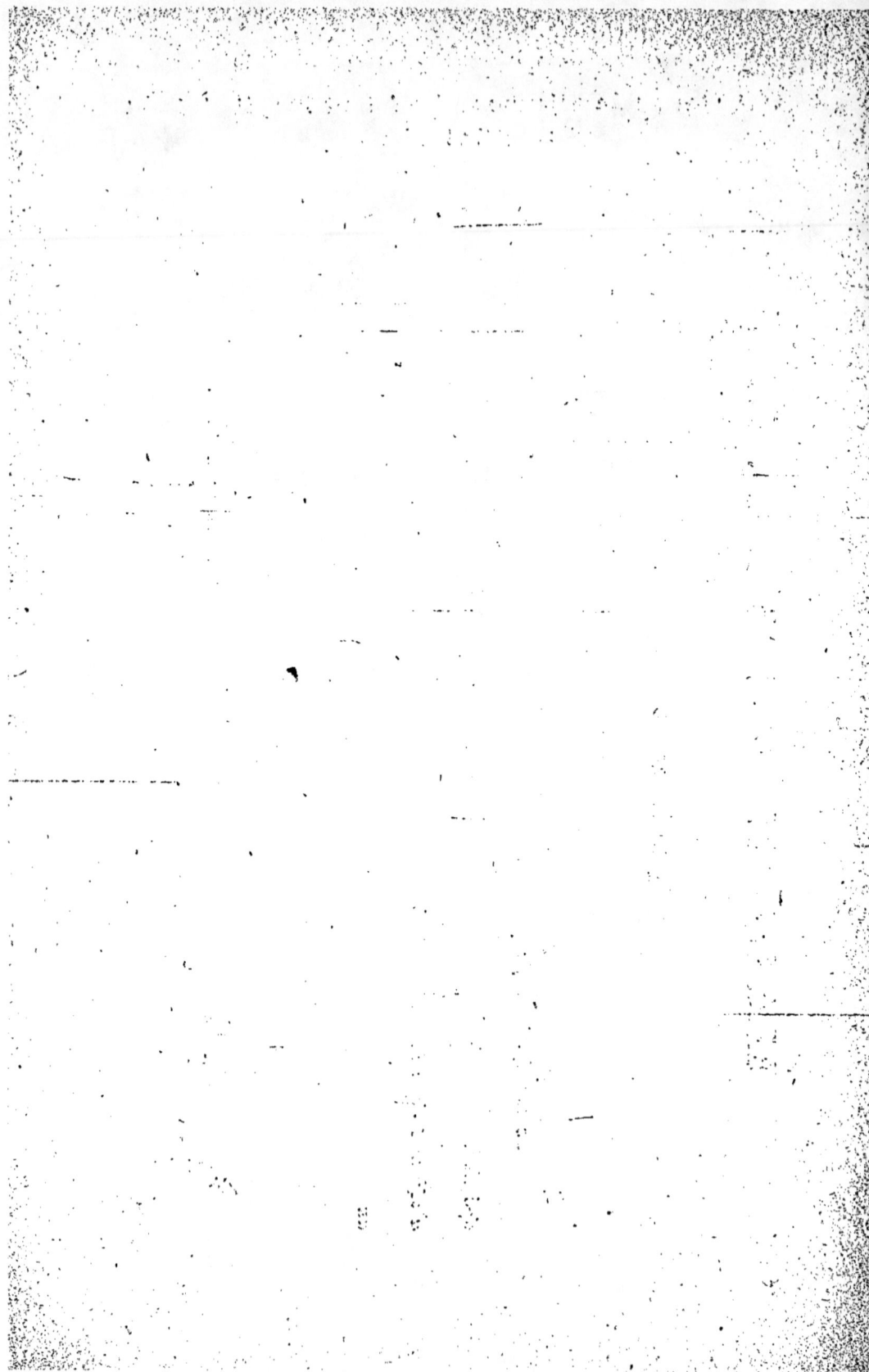

MAISON DE TRAVAIL
pour le Département de la Seine

*Nous soussignés déclarons et attestons que le nommé*_____
âgé de _____ *ans, ayant la profession de* _____, *a librement accepté le*
travail que nous lui offrions, qu'il est entré le _____ *dans notre Maison*
de travail, qu'il en est sorti le _____ *et que, pendant tout ce temps, il n'a*
cessé de faire preuve d'une excellente conduite et la meilleure volonté au travail.

X_____ , *le*_____ 19____

Le Président du Comité de direction   Le Président de la Société,   Le Directeur de la Maison,
de la Maison,

Extrait du Règlement intérieur de la Société

« ARTICLE 4. — C'est tout particulièrement dans l'intérêt et au profit des malheureux qui veulent sincèrement du travail, qui n'ont qu'un désir : vivre en travaillant, et dont la misère n'a pour cause que le manque de travail, que notre Œuvre d'assistance par le travail est organisée..... »

IMPRIMERIE E. CAPIOMONT ET Cie

PARIS
37, RUE DE SEINE, 57

Pour renseignements, adhésions ou dons quelconques, *s'adresser à l'un des quatre magistrats qui ont pris l'initiative du projet :*

M. Louis ANDRÉ, Juge d'instruction au Tribunal de la Seine,
  13, rue Monge;

M. Jules PACTON, Substitut au Tribunal de la Seine,
  88, boulevard de Courcelles;

M. Fernand ROME, Substitut au Tribunal de la Seine,
  108, boulevard Montparnasse;

M. Léon SIBEN, Substitut au Tribunal de la Seine,
  7, avenue Gourgaud.

Paris. — Imp. E. Capiomont et Cie, rue de Seine, 57.